Ralph Schneider

Vom Aal bis zur Zecke

IMPRESSUM

1. Auflage
© Projekte-Verlag Cornelius GmbH, Halle 2007 • www.projekte-verlag.de
Mitglied im Börsenverein des Deutschen Buchhandels

Illustrationen: Kerstin Meinold
Satz und Druck: Buchfabrik JUCO GmbH • www.jucogmbh.de

ISBN 978-3-86634-436-5
Preis: 17,50 Euro

Ralph Schneider

Vom Aal bis zur Zecke

Ein satierisch-tierischer Streifzug in Versen
durch das Reich der Zoologie

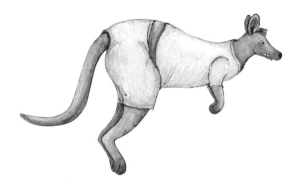

Projekte-
Verlag
Cornelius GmbH

Einführung

Die Universitätsstadt Göttingen ist weltweit bekannt für ihre natur- und geisteswissenschaftlichen Leistungen wie auch für die Vielzahl der Nobelpreisträger, die hier geforscht, gelehrt und gelebt haben.

Zu den in der Georg-August-Universität vertretenen Disziplinen gehört auch die Zoologie mit ihrem Zoologischen Institut.

Der Autor möchte jedoch ausdrücklich darauf hinweisen, dass seine in dem vorliegenden Werk publizierten Beobachtungen, Erkenntnisse und Analysen nicht mit diesem Institut abgestimmt sind, um eventuelle langwierige Diskussionen und womöglich auch wissenschaftliche Auseinandersetzungen zu vermeiden.

So stelle ich mich in eigener Verantwortung der interessierten Öffentlichkeit und hoffe auf weite Verbreitung meiner Einsichten und Ansichten, denen bei freundlicher Aufnahme sicher bald neue folgen werden.

Göttingen, im Dezember 2007   Ralph Schneider

Inhalt

Säugetiere

Herr Pavian und Frau

Selbstverständlich bin allein ich Herr der Herde!
Es bedarf nur einer bestimmten Gebärde,
damit alle wissen, was zu tun ist, was nicht.
So nehme ich die Familie täglich in Pflicht.

Aber es gibt zuweilen auch solche Tage,
an denen ich der Frau nichts zu sagen wage.
Sie hat dann gewöhnlich ihren eigenen Kopf
und behandelt mich, als sei ich der letzte Tropf.

Wir kommen gut miteinander aus im Prinzip;
denn zu ihr bin ich aus Vorsicht immer sehr lieb,
und schenkt sie mir morgens mal keinen Kuss,
so weiß ich, dass da wohl was gewesen sein muss.

Gibt sie sich kühl und zeigt mir den kalten Rücken,
so heißt das, heute wird dir gewiss nichts glücken;
doch leuchtet ihr schöner Hintern rot meilenweit,
so ist sie freudig koalitionsbereit.

Hängebauchschweins Traum

Ein etwas ältliches Hängebauchschwein,
das wollte nicht länger mehr einsam sein.
Drum ließ es alle Bedenken sausen,
lief zum Agenten nach Eberhausen.

Ein kräftiger Eber, das war das Ziel;
denn von so einem versprach es sich viel.
Von dem Vermittler verlangte es dann:
„Ich will einen Mann, und mit allem dran!

Jung sollte er sein, möglichst noch lenkbar,
ein klein wenig Erfahrung schon denkbar;
doch das meiste will ich ihn erst lehren,
ja, bei mir soll er gar nichts entbehren!

Und dann vor allem, das wünsche ich auch,
es muss alles dran sein – aber kein Bauch!"
Da seufzt der Agent: „Das schaffe ich nie,
das wird bestimmt eine Hängepartie!"

Der kluge Elefant

Es war da mal ein kluger Elefant,
der konnte viel und allerhand.
Enorm, was er zuwege brachte,
was er für tolle Sachen machte.

Er pflückte mit dem Rüssel eine Rose,
nahm Erbsen einzeln aus der Dose,
selbst Nähgarn fädelte er ein,
kein Samenkorn war ihm zu klein.
Er war – mit einem Wort – so sehr geschickt,
dass ihm das Allerfeinste glückt.

Doch eines Tags , wie abgeschnitten –
er hat darunter sehr gelitten –
ging alles, was sonst immer lief,
entgegen seinen Wünschen schief.
Er sprach: „Mit Zartgefühl geht gar nichts mehr!"
Nun wurde er Politiker …

Keine Gefahr für den Panda-Bär

Er ist besonders beliebt unter den Tieren,
weil die Menschen höchst ungern differenzieren;
also kommt er ihnen sehr weit entgegen,
weil sie unbeirrt Schwarz-Weiß-Denken pflegen.

Die Zwischentöne sind ihnen meist unbequem,
so ist es heute, so war es schon ehedem.
Deshalb ist es sicher auf dieser Erde,
dass er nie und nimmer aussterben werde.

Keilers Kurlaub

Es reiste kürzlich ein ältlicher Keiler
Zu seiner Erholung nach Badenweiler.
Dort traf er – das soll bei Kuren manchmal sein –
ein attraktives, wunderbar junges Schwein.

Und wie das bei Kuren gar nicht selten ist,
haben sie sich bald tief und innig geküsst.
Aber dabei ist es auch nicht geblieben,
sie fingen an, sich ganz zärtlich zu lieben.

Monate später, er war längst nicht mehr hier,
gebar sie dann Junge, genau gesagt vier.
Nun musste sie den Fehltritt offenbaren,
weil's zwei Ferlinge und zwei Frischkel waren …

Das deutschfeindliche Känguru

Ich bin, ihr verfluchten Deutschen, das Känguru,
und komme wegen euch nie mehr zur Ruh,
muss voller Wut hüpfen, laufen und springen,
was die Rechtschreibreformen leider bedingen.
Ich bin total auf den Hund gekommen:
Ihr habt mir das Letzte – mein „h" – genommen!

Der Tiger

Ich bin von alters her der starke Tiger,
der Unabhängige, der harte Krieger,
und es war völlig normal bei den Tieren,
mich ganz ehrerbietig zu respektieren.

Aber heute? Was sind das bloß für Leute?
Jeder denkt nur an sich, jeder will Beute!
Sogar die lächerlichste, die dümmste Maus,
flippt vor Selbstbewusstsein geradezu aus.
Überhaupt alles, was da kreucht und fleucht,
ist maßlos eitel und von Selbstsucht verseucht.

Ich aber stehe hoch über den Dingen,
denke einfach an Götz von Berlichingen.
Und wird auch die Welt noch demokratiger –
das schert mich wenig. Ich bleibe doch Sieger!

Der Maulwurf

Ein Maulwurf hat das Licht der Welt erblickt
und hat gesagt: „Das ist verrückt!
Ich glaubt, die Welt sei voll des Lichts,
doch – tut mir leid – ich sehe nichts!"

Das Dromedar und das Kamel

Es begab sich, dass kürzlich das Dromedar
sehr niedergeschlagen und traurig war,
weil es nur einen Höcker sein Eigen nennt,
was es deutlich von den Kamelen trennt.

So fragte es eins, das just des Weges kam,
neugierig aber doch auch voller Scham,
ob das Leben nicht wesentlich schöner sei
mit zwei solchen Höckern oder gar drei.

Darauf dieses: „Hör mal, was ich dir erzähl,
ich habe Erfahrung schon als Kamel.
Da wirst du für dämlich erklärt, verspottet
als jemand, der dumm durchs Leben trottet.

Für die hast du nicht im Schrank alle Tassen,
musst dich als Schimpfwort missbrauchen lassen,
sei zufrieden, dass dich nur ein Höcker ziert:
Mit zweien wirst du erst recht diskriminiert!"

Eselsohren

Das ist beim Verleihen immer der Fluch:
Wie kam dieses Eselsohr in das Buch?
Aber der Esel, der es gelesen,
behauptet, das sei er nicht gewesen.
Er ist darüber hinaus noch gekränkt,
wollte es sowieso lieber geschenkt …
Und schaltest du einen Experten ein,
sagt der: „Nur der Esel kann schuld dran sein!
Schweinen passieren nie solche Sachen,
weil ja Schweine nur Fettflecke machen!“

Vögel

Der Schwan

Ich bin vor allem bekannt durch Herrn Lohengrin,
doch entschieden besser wäre es ohne ihn;
denn ich bin doch berühmt als der stolze Schwan,
ziehe wahrlich nicht gern einen Äppelkahn,
verstehe auch nicht all diese festlichen Leut
mit dem unwiderstehlichen Drang nach Bayreuth.
Und fragte mich mal jemand, ent oder weder –
Ich verlustierte mich viel lieber mit Leda!

Die Meise und der Mensch

Sie ist ziemlich schwarz und durch einen Kanzler bekannt,
wird deshalb hier zu Lande Kohlmeise genannt.
Sie ist traditionsgebunden, keusch und züchtig,
liebt ihre Familie und arbeitet tüchtig.

Aber zuweilen, kein Wunder bei dieser Enge,
schlägt sie auch mal ganz kräftig über die Stränge,
kommt eines Tags völlig blau wieder nach Hause
und singt: „Ab und zu braucht man mal eine Sause!"

Doch am Morgen danach ist die Blaumeise nüchtern,
solide wie gewöhnlich, fleißig und schüchtern.
Sie bildet sich mächtig was darauf ein,
nicht zur Sumpfmeise herabgesunken zu sein.

Und du fragst nach der Moral von der Geschicht?
Oh Mensch, begreifst du das wirklich nicht?
Jeder von uns hat mindestens auch eine Meise,
jeder für sich – natürlich auf seine Weise.

Die gefallene Ente

Es liebte eine junge, noch unerfahrene Ente
einen älteren Erpel, mit dem sie eines Nachts pennte.
Doch als sie bald darauf mit Erschrecken erkennte,
dass sie schwanger war und dann lauthals flennte,
sprach der Erpel: „Ich würde ja gern, wenn ich könnte,
doch ich gehe nun schon bald in die Rente.
Sei guter Hoffnung, meine zärtliche Ente –
aber mach dir keine auf Alimente!"

Der Pinguin

Als Diplomat geh ich grundsätzlich im Frack,
lauf nicht stillos herum wie das übrige Pack,
bin eine Persönlichkeit par excellence,
strotze vor Selbstbewusstsein und Arroganz.

Ich versuche, überall mitzumischen,
hänge mich, wo ich kann, sofort dazwischen.
Oberfläche – das ist mein Lebenszweck!
Doch wird es konkret, geh ich ins Wasser

                und

                    tauche

                        weg …

Spatzen und Menschen

Ach, wie doch die Menschen irrn,
da reden sie vom Spatzenhirn
und wissen nicht, was dieser kleine Apparat
von früh bis spät zu denken hat.

Schon allein die Alltagssorgen –
wovon leben wir denn morgen? –
gönnen weder Rast noch Ruh,
und so geht es immerzu …

Nein, es ist nicht leicht, das Leben,
doch so sind wir Spatzen eben.
Wir klagen nicht und jammern nicht
und sind so gern voll Zuversicht.

Anders als die Menschen heute,
Mensch, was sind das bloß für Leute!
Wollen ständig hoch hinaus,
halten aber keine Mühen aus.

Doch was auch die Menschen treiben,
sie müssen auf dem Teppich bleiben,
wenn wir uns in die Luft erheben
und in höhern Sphären schweben.

Ach, wie doch die Menschen irrn,
sie wissen nichts vom Spatzenhirn …
Ja, wirklich, Himmel, Arsch und Zwirn!

Das Leid der Pute

Auch eine Pute hat natürliche Triebe,
was sie heiß ersehnt, ist Sex und ist Liebe,
und sie seufzt: „Mein Schätzchen, komm, Puter!"
Doch der dämliche Kerl, was tut er…?

Er rechnet !!!!

Gockel-Schicksal

Es fliegt so mancher eitle Gockel
auf einen viel zu hohen Sockel,
auf dem er sich kaum halten kann,
bläst ihn ein leiser Windhauch an.

Doch er markiert den starken Mann,
gibt nun erst recht ganz schaurig an.
Da reißt ihn eine Bö zu Boden
und bricht ihm Nase, Hals und Hoden.

Meerestiere

Der Aal

Als Aal bin ich vielen Leuten suspekt,
aber das hat mich nie besonders erschreckt;
denn aalglatt zu sein ist völlig legal,
ich fühle mich wohl als aalglatter Aal.

Man eckt ja niemals und nirgendwo an,
bleibt so flexibel, wie einer nur kann.
Glaubt jemand, mich in den Griff zu kriegen,
wird er schnell einem Irrtum erliegen.

Ich schlüpfe ihm sofort durch die Hände,
bin stets bereit für jegliche Wende,
komm überall durch als aalglatter Aal –
aalglatt zu sein ist doch völlig legal!

Die Feuerqualle

Bin von Natur aus ruhig, hasse Spektakel,
ich fange mir Beute mit meinem Tentakel,
Plankton zum Beispiel, manchmal auch kleine Fische,
die ich mit den Tentakeln glücklich erwische.

Doch so harmlos, wie es scheinen mag, bin ich nicht,
spiel mit Vergnügen sehr gern mal den Bösewicht,
und was nicht nur Raucher mit Schrecken erleben –
ich kann ihnen beim Baden gut Feuer geben!

Der Knurrhahn

Ich mache im Leben niemals Kikeriki,
ich bin schließlich Fisch und kein Federvieh.
Ich habe gar nichts mit Geflügel zu schaffen;
wer das glaubt, gehört zu den stillosen Laffen.

Als Edelfisch bin ich überall sehr begehrt,
den echten Gourmets meinen Preis jederzeit wert.
Auf welche Art sie mich auch immer verzehren,
ich komme auf jedem Bankett hoch zu Ehren.

Wenn einer mit mir nicht zufrieden ist,
wenn einer nach mir überhaupt noch was isst,
weil ihm sein Magen, der profane, widerlich knurrt,
so bin ich es, der Knurrhahn, der voller Wut murrt.

Der Einsiedlerkrebs

Als Einsiedlerkrebs habe ich nur eines im Sinn:
Ich krebse am liebsten ganz allein vor mich hin,
und was ich tue, ist für mich auch wohl getan.
Das geht doch, offen gesagt, sonst niemand was an!

Ich fühle mich glücklich im Einsiedlerleben,
kann es überhaupt etwas Schöneres geben?
Ich bin dabei total auf mich selbst gestellt,
ja, ich pfeife auf die Meinung der Außenwelt!

Ich gehe höchst ungern zu den andern hinaus,
verkrauche mich lieber tief in mein Schneckenhaus.
Doch bin ich im Alter einsam, völlig allein –
ich kann es nicht begreifen: Das kümmert kein Schwein!

Der verwirrte Oktopus

Spät aus der Bar kommt beschwipst der Oktopus
und versäumt auch prompt seinen letzten Bus.
Er ist daraufhin völlig verwirrt,
sodass er ohne Ziel durch die Straßen irrt.

Er findet offenbar nicht mehr nach Haus,
und allmählich geht ihm die Tinte aus.
Drum sucht er einen, den er aussaugen kann,
am liebsten wär ihm ein blauer Mann.

Geht also nicht mehr nach draußen zu später Stunde,
kommt ihr aus einer feucht-fröhlichen Runde,
geht nicht vor die Tür mehr in dunkler Nacht –
nehmt euch vor seinen acht Armen in Acht!

Reptilien / Echsen

Die Schlange

Als Schlange – schon vom Anfang der Schöpfung dabei –
einst servierte ich dem Adam das Kuckucksei
in Form der Eva, er fiel drauf herein;
Jahre später war Abel das Opfer von Kain.

Denn viele von uns sind gefährliche Nattern,
so giftig, dass die Menschen voller Angst flattern
und auch die harmlosen als Feinde verachten,
ihnen in aller Welt nach dem Leben trachten.

Die Seeschlange ist eine Verwandte von mir,
ein überaus giftiges, bösartiges Tier.
Sie ist in mehr als fünfzig Arten vertreten,
ihre Spezialität – natürlich das Töten!

Jetzt ist sie mehr noch als Fernsehschlange bekannt,
von den Menschen am Bildschirm schlicht „Serie" genannt,
ewig am Schlängeln, riecht sie häufig schon ranzig,
so zum Beispiel als Folge dreihundertzwanzig …

Das Chamäleon

Laut Lexikon bin ich Mitglied der Echsen-Gruppe,
was mir im Grunde egal ist und ziemlich schnuppe.
Ich gelte als unverträglicher Einzelgänger
und ertrage Gesellschaft nur kurz, niemals länger.

Gefürchtet ist meine klebrige Schleuderzunge,
die ich urplötzlich mit einem blitzschnellen Schwunge
den hilflos verblüfften Opfern entgegenstrecke.
Mit diesem Meisterschuss mach ich sie alle zur Schnecke!

Ich habe meine Augen auch gleichzeitig überall,
plane gezielt strategisch Angriff und Überfall,
lauer der Beute gern öfter bewegungslos auf,
nehme selbst lange Wartezeiten in Kauf.

Ich wechsle sogar die Farben, mir ist nicht zu traun,
ich schalte auf Grün, auf Gelb, notfalls auch Braun,
und wär ich nicht laut Gattung als Echse bekannt,
so bin ich am deutlichsten noch dem Menschen verwandt.

Krötenwanderung

Da stellen die Leute Zäune auf,
um abzusichern der Kröten Lauf.
Sie sperren die Straßen und Wege,
tun alles für die Krötenpflege.

Denn diese Kröten sind einfach stur,
gehn ewig die gleiche Route nur
und können den Menschen vertrauen,
weil die ihnen die Straßen bauen.

Würde es auch bei uns im Leben
immer diese Fürsorge geben,
könnten uns Probleme nicht jucken,
hätten wir kaum Kröten zu schlucken.

Was aber die Politik betrifft,
die ist für unser Geld reines Gift;
denn die nimmt uns die letzten Kröten,
und der Lebensstandard geht flöten …

Die Klapperschlange

„Klappern gehört zum Handwerk!“, sagte die Schlange,
und sie klapperte laut und sie klapperte lange.
Sie hat das voller Eifer und Inbrunst gemacht,
doch trotzdem gab kein Schwein auf sie Acht.
Wo sie auch hinging, nirgends fand sie Erhörung,
bekam nur einen Strafbefehl wegen Ruhestörung.
Da biss sie verzweifelt einem Rentner ins Bein:
Sofort darauf ging der arme Kerl ein.
Am nächsten Tag stand sie auf dem Titel von BILD;
nun endlich war ihr Verlangen gestillt …

Das Krokodil

Ich nenn mich stolz das Krokodil
und habe nur ein Lebensziel:
Ich fress mich voll von früh bis spät
und achte nicht auf Qualität.

Ja, selbst die verquersten Sachen
schluckt mein großer Riesenrachen.
Ich fresse alles, was nur geht,
das Schlimmste wär für mich Diät!

Die Liebe ist für mich ein Dreck,
auch Freunde beiße ich oft weg,
und das geschieht zu ihrem Glücke,
sonst riss ich sie in tausend Stücke.

Lieg ich mal faul und unbeweglich,
so denkt manch Esel dann womöglich,
ich sei vom Fressen müd und schwach –
in Wahrheit bin ich doch hellwach!

Da heißt es einfach „Gute Nacht,
du hast zum letzten Mal gedacht …"
Ich würge ihn vergnügt hinab,
da schmort er nun in seinem Grab.

Doch wenn dereinst mal nichts mehr geht,
mir nie der Sinn nach Beute steht,
erwarte ich als Lebenslohn
´ne schöne dicke fette Pension!

Würmer

Der kranke Regenwurm

Ein Regenwurm hat mächtig Schmerzen
ein kleines Stück nur unterm Herzen.
Er quält sich sehr, von früh bis spät,
so dass er nun zum Doktor geht,
der ihn auch gründlich untersucht
und darauf sagt: „Verflucht, verflucht,
Sie müssen gleich ins Krankenhaus,
der Regenwurmfortsatz muss raus!"

Frau Bandwurm liebt die Musik

Frau Bandwurm hat eine Schwäche für Melodien,
die leichte wie auch die klassische Disziplin.
Ob Mozart, Verdi oder den Rock and Roll,
sie findet das eine wie auch das andere toll.

Und als sie hoffnungsvoll einen Knaben gebar,
da war ihr sofort seine Zukunft klar:
Musiker sollte er werden, gar keine Frage!
Doch wer beschreibt der armen Frau Klage?

Als völlig unbegabt erwies sich der Sohn,
mochte kein Instrument und sang keinen Ton.
So sehr sie auch flehte, er blieb immer stumm,
war selbst für Musiktheorie noch zu dumm.

Da endlich, schweren Herzens, gestand sie sich ein –
das Schicksal kann ja so grausam sein –
er kann nicht spielen, er kann nicht singen,
er wird es nie bis zum Ohrwurm bringen!

Erkenntnis des Seidenwurms

„Verbiete du dem Seidenwurm zu spinnen!",
sprach der Herr Goethe und eilte von hinnen,
um andernorts wieder neue Weisheiten
sich auszudenken und zu verbreiten,
worauf der Seidenwurm sprach: „Wie auch immer –
so ist das Leben, einer spinnt immer!"

Insekten

Der Mistkäfer

Einst war ich ein hoch respektierter Mann,
kam selbst in den besten Kreisen gut an,
und sie dankten es mir immer ganz ehrlich –
als Saubermann war ich ihnen unentbehrlich.

Denn die einen machen bekanntlich den Dreck,
und dann gibt es auch welche, die machen ihn weg.
Das war früher durchaus ein seriöser Beruf,
doch geriet der leider immer mehr in Verruf.

Ich räumte alles weg, was tot und verdorben,
und darum bin ich inzwischen fast ausgestorben.
Damit hat heute keiner mehr etwas am Hut,
deshalb steht es um diese Welt auch nicht gut.

Es will ja doch keiner mehr Dreck anpacken
und sich mit dem Müll der anderen placken.
So nützlich ich war, ich gelte als unkultiviert
und werde darum nur noch als Schimpfwort geführt.

Die Eintagsfliege

Die Eintagsfliege lebt nur einen Tag,
das glaube, wer das glauben mag!
Auf ihren Namen darfst du nichts geben,
sie hat in Wahrheit ein langes Leben.

Nur, und das ist ihr Trick: An einem Ort
bleibt sie einen Tag und fliegt wieder fort.
Sie kennt sich in Russland und China aus,
war auch schon mal in Australien zu Haus.

In New York hat sie die Oper besucht,
am Nordpol über die Kälte geflucht,
in Berlin hat se berlinern jelernt
und sich dann in Richtung Paris entfernt.

Wo sie zurzeit ist, kann ich nicht sagen,
hörte nichts mehr seit einigen Tagen.
Triffst du die Eintagsfliege, vergiss nie:
Kein Mensch hat so viel gesehen wie sie!

Polit-Aufstieg einer Biene

Die Biene wollte politisch Karriere machen,
Minister werden oder ähnliche Sachen.
Sie trat deshalb frech vor den Ältestenrat,
der sehr glücklich, ja richtig begeistert tat,
und es sprachen die Herren wie mit einer Stimme
zu dieser politiksüchtigen Imme:
„Du lieferst uns Honig in großen Massen,
wir werden dich dafür fördern lassen;
doch dass man ihn dem Volk kräftig ums Maule schmier,
geht dich überhaupt nichts an – das tun allein wir!"

Der Mottenball

Die Kleidermotte im Abendkleid
fand dieses Kleid für sich viel zu weit
und sagte: „Ich geh auf keinen Fall
in solchem Aufzug zum Mottenball!"

So lud sie ein alle Verwandten,
Mottenbrüder und Mottentanten,
die sich gleich an die Arbeit machten,
beachtlich schnell ihr Werk vollbrachten.

Wie sie gefressen haben, geprasst,
doch das Kleid hat phantastisch gepasst.
Da sprach jeder Mottmann auf dem Ball:
„Die kleine Motte, das wär mein Fall!"

Die Rache der Wanze

Als Wanze war man immer das Allerletzte,
das von den Kammerjägern grimmig Gehetzte,
als Blutsauger, Stinker und Schädling verschrien –
solch einem Widerling wird nirgends verziehen!

Sie haben versucht, mich zu eliminieren,
mich auf immer und ewig zu annullieren,
und wären nicht FBI und CIA gekommen,
sie hätten mir sicher das Leben genommen …

Die aber haben mich vor dem Schicksal bewahrt,
auf ihre eigene, so ganz heimliche Art:
Sie stecken mich in Betten und Telefone,
in Schränke, Lampen und Autos – ich bin nicht ohne!

Niemand ahnt, wo lautlos ich sitze zum Lauschen,
wenn sie vertraulich ungeniert offen plauschen
und ihnen zum Verhängnis wird, was sie sprechen.
Ja, das ist mein Stil, uns Wanzen zu rächen!

Klagelied der Hornisse

Erblickt mich ein Mensch, mich, die Hornisse,
so gilt für ihn auch gleich die Prämisse:
Weg von hier oder sofort erschlagen!
Immerhin weiß man seit ewigen Tagen,
Hornissen sind gefährlich und ganz gemein,
sie stechen grundlos auf alles ein.
Aber dass wir uns wirklich nur wehren,
wenn man uns angreift, will kein Mensch hören.
Das Vorurteil ist so herrlich bequem,
man pflegt es heute genauso wie ehedem …

Die Kellerassel

Ich, die schmucklose, schweigsame Kellerassel,
bin für die Hausfrau ein übles Schlamassel:
Weil ich nicht unentwegt wie sie selber quassel,
hasst sie die gräuliche, stille Kellerassel.

Besuch einer Wespe

Als sie draußen saßen
und ihr Frühstück aßen,
kam plötzlich sie.
Beherrscht sprach der Vater:
„Jetzt bloß kein Theater –
ich kriege die!"

Der Sohn musste lachen:
„Wie willst du das machen?
Das schaffst du nie!"
Aufgeregt schrie die Frau:
„O, mir wird schon ganz flau –
sticht dieses Vieh?"

Töchterlein weinte leis:
„Habe Angst vor dem Steiß –
ich fürchte sie!"
Da lachte die Wespe:
„Ich bin eine Lesbe –
Ich steche nie!"

Die beiden Ameisen

(frei nach Ringelnatz)

Es wollten zwei Ameisen
von Hamburg nach Australien reisen;
aber dann dachten sie ja:
‚Ach nee, Leute, bei diesen Preisen
versaufen wir unser Geld lieber in Altona!'
Und so verzichteten sie weise
völlig und ganz auf die Reise …

Süße Käfer

Es gibt, glaube ich, kaum einen Mann,
der süße Käfer nicht leiden kann;
er flirtet, er macht ihnen den Hof
und benimmt sich auch sonst ziemlich doof.

Dabei fühlt er sich als toller Hecht,
mimt den Helden vom starken Geschlecht
und merkt in seiner Verblendung nicht,
wie tief der süße Käfer ihn sticht.

Zu spät mit dem Schicksal zu hadern,
das Gift fließt schon in seinen Adern,
und er lernt seine letzte Lektion:

Manch süßer Käfer ist ein Skorpion!

Die Zecke

Es sitzt in einer dichten Hecke
still lauernd eine freche Zecke,
und als dann kommt der erste Beste,
krallt sie sich schleunigst an ihm feste.

Sie sucht sich schnell ein weiches Plätzchen
und sagt zu ihm: „Na warte, Schätzchen!
In dieser Nacht nun schlaf ich Zecke
mit dir schon unter einer Decke!"

Ralph Schneider

Die Fische wollten Hochzeit machen
Kinder- und Jugendliteratur

„Die Fische wollten Hochzeit machen" ist natürlich eine Abwandlung des bekannten Kinderliedes über die Vögel: „Eines Tages hatten die Fische genug: Immer wieder mussten sie hören, dass die Vögel Hochzeit feiern." Kinderbuchautor Ralph Schneider beweist zusammen mit der Illustratorin Susanne Adler, dass man auch über solche Ereignisse im Reich der Fische ein lustiges Lied singen - und ein ganzes Buch schreiben kann.

Loseblatt, gebunden mit Kordel
Format: 27,5 x 20,5 cm　　　　　　　　　**15 Seiten**
Preis: 7,50 Euro　　　　**ISBN 978-3-86634-314-6**

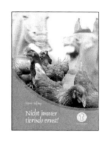

Horst Söffing

Nicht immer tierisch ernst!
Lyrik

Das Chamäleon

Einst hat ein Affe ein Chamäleon hoch verehrt
und dieses auch zu seiner Frau begehrt,
weil es so schön auf Bäume klettern konnte
und sich oft zwischen Blättern sonnte.
Der Affe stieg ihm nach bei Tag und Nacht –
und hat zum Affen sich gemacht.

Engl. Paperback
Format: 11,0 x 17,0 cm
Preis: 9,50 Euro
68 Seiten
ISBN 978-3-86634-335-1